U0908009

上海市学校心理健康教育黄晞建名师工作室 | 少儿心理健康教育漫画系列丛书

“学霸”养成记

李雪芹◎著　snow match◎绘

格致出版社　上海人民出版社

图书在版编目(CIP)数据

“学霸”养成记/李雪芹著;snow match 绘. —
上海:格致出版社:上海人民出版社,2018.10(2020.6 重印)
ISBN 978-7-5432-2910-5

Ⅰ. ①学… Ⅱ. ①李… ②s… Ⅲ. ①学生生活-青少
年读物 Ⅳ. ①G635.5-49

中国版本图书馆 CIP 数据核字(2018)第 168543 号

责任编辑 程筠函
装帧设计 人马艺术设计·储平

少儿心理健康教育漫画系列丛书
“学霸”养成记
李雪芹 著 snow match 绘

出　　版 格致出版社
上海人民出版社
(200001 上海福建中路 193 号)
发　　行 上海人民出版社发行中心
印　　刷 常熟市新骅印刷有限公司
开　　本 787×1092 1/24
印　　张 3.5
插　　页 1
字　　数 34,000
版　　次 2018 年 10 月第 1 版
印　　次 2020 年 6 月第 2 次印刷
ISBN 978-7-5432-2910-5/B·34
定　　价 35.00 元

亲爱的同学们，随着你们身心的发展，受到更多来自社会、家庭、学校等环境的影响，你们对老师、小伙伴们更敏感，也有了更多的关注。在生活经验不断积累的过程中，你们逐渐形成了自己的人际交往能力、认知能力、学习能力，并对未来充满期待。而日常生活中，大家常常习惯以“我喜欢……”“我讨厌……”等句型随意表达对朋友或学习的态度。怎样才能快乐生活，拥有更多的好朋友，又能轻松学习，并拥有灿烂的未来呢？这套心理健康教育漫画系列丛书，以四格或多格漫画的形式，陪伴你一起面对这些至关重要的人生命题。

我们的这套心理健康教育漫画系列丛书共分为四册，主要面向 4—9 年级的学生。主要聚焦于与你们密切相关的主题——人际交往、情绪调适、学习生活、未来发展。我们用大家喜闻乐见的漫画形式引出多样化的问题，并辅以“碎碎念”从心理角度做一些分析或给出一些积极的建议。去除复杂高深的专业心理术语外壳，希望同学们在轻松愉悦的阅读时光中得到心灵的感悟和收获。

亲爱的同学们，如果你们在阅读过程中有任何问题、感想或建议，欢迎给我们写信喔，你们的专属邮箱是 cymhxl@sina.com。听说如果你的建议被采纳，还有精美奖品呢。

好了，不影响你们的阅读时间了，祝你们的生活布满阳光，快乐每一天。

你们的好朋友：黄晞建

上海市学校心理健康教育名师

中国心理卫生协会大学生心理咨询专业委员会副主任

目　录

版块一　学习心理

版块二　学习攻略

版块三　考场赢家

登场人物一览

来来（图①）

男，六年级。学习不理想，没有突出才艺，玩是一等大事。追追猫，逗逗狗，“坏点子”层出不穷。虽然想到作业就头疼，拖延症不断加剧，但是有时也想改变自己，为此内心感到矛盾和挣扎。

月月（图②）

来来的同班同学。性格乖巧，学习成绩很好。

学霸（图③）

来来崇拜的对象，学习成绩好，又会玩，让人羡慕嫉妒恨。

鱼蛋（图④）

来来的死党兼同桌。长相一般，学习成绩垫底，贪玩，不思进取，得过且过。

司老师（图⑤）

来来的班主任，对学生要求严格，学生犯错误时最不愿也最怕见到的人。

来妈（图⑥）

一心只要求来来学习成绩的偏执“虎妈”。

来爸（图⑦）

一个家庭妇男，“妻管严”。

版块一
学习心理

不想学习怎么办？

儿子呀，你要好好学习，好好学习才能考上好大学，考上大学才能找到好工作……

妈，那我不用学习了！
为什么？

我已经有工作了，是游戏玩家喔！

什么？！
嘻
被瞬间打飞的房门

全班又只有你
没交作业！
其实
……
?

昨天进小偷了?!损失
大不大？
倒还好，
就是家里
一团乱。
作业找不着了

哎呀，没事儿，
没事儿。
谢谢老师！
我觉得你今后一
定能干大事儿。

为啥？
说瞎话太冷静了！今
晚继续打游戏啊！

你爱学习吗？
不爱！

唉，太不争气了！
……

第二天，同样的问题面前……
爱！

你就这样敷衍！

气死我了，我
那么努力绩效
竟然只拿了B！

妈，什么是绩
效？

专心学习，
不要瞎操
心！

哦，我明白
了，是我可以
看电视还是玩
游戏！
给我回来！

得向老妈要MP3。

妈，给我放
会儿听力。
来来的房间
都过了睡觉
的点了，赶
紧睡觉吧！

就是想快点睡
才要听啊……

听力可比数羊有用多了！
梦话

儿子，你最想要的一个生活幸福场景是什么？
拿个戒尺看我的儿子写作业，一不认真，就打手心。
这孩子，跟谁学的，我陪你写作业可没用过这玩意儿。
是，您用的是扫帚。

日有所思夜有所梦——来妈日常
1. 以迅雷不及掩耳之势进入来来的房间
月月，我喜欢你……

2. 用力拍醒来来
啪!!
哎呀妈你干嘛啊？！

3.“河东狮吼”
整天想这些乱七八遭的，你怎么能学好啊，嗯？！
妈，梦都是反的，反的！

4.“扫帚功”
日有所思夜有所梦，你糊弄谁啊！
（但是由于来来有“飞毛腿”所以没起效过）
历史总是惊人地相似（画手注）

日有所思夜有所梦二
你够厉害！
下周就考试了还睡觉？！

切！去，别耽误我好事儿。

啥好事儿啊？

真傻，我梦几道考试题提前看答案啊！

一些同学一学习就犯困，找各种理由逃避，认识不到学习的意义，学习的动机和意愿都很低。就像一台机器如果没有发动机自然就不能很好地运转，若学习动力不足，成绩不良也就可想而知了。

所以，要给自己的学习小马达加油，提高自己的学习动机。这可以从外部和内部一起努力。

内部而言，可以为自己制订一个切实可行的学习目标，即所谓“蹦一蹦就能够得到的桃子”，例如“哪怕原来在班里倒数第一，下次能不能倒数第二？”等。

制订目标时，你可以寻求父母的帮助和监督，共同约定奖惩目标。如果愿意，你们可以一起写在纸上，一起签好字，贴在家里的显眼位置，增加仪式感。另外，需要注意的是，奖励应以精神奖励为主喔。例如，奖励可以是做一件你特别感兴趣的事，而惩罚可以是做一件或一段时间你比较害怕或不愿意做的事。

然后，你就可以挽起袖子朝着你的具体目标加油前进了！而且，一定要记得，结果出来时一定要严格执行奖惩办法喔。这样长此以往，习惯成自然，想不努力都难啦！

怎样才能从“学渣”逆袭成“学霸”？

又拖班级后腿!来来,你好好反思反思，作为同桌，你和学霸最大的差距是在哪里?

嗯……父母不一样……

关父母什么事儿？!

他被取名叫学霸，而我叫学“来（赖）”啊!

你不知道的学霸的秘密之一
自习说话
很简单的哦
这道题怎么做？

听课假寐
其实是在做笔记

下课玩耍

夜里——挑灯夜战

你不知道的学霸的秘密之二
学霸，之前课上的那道题能教我吗？
哎呀，我还没复习好……

学霸刚刚复习了一个知识点……的意思吗？

实 际 上

。。。。，。

我还有一个知识点需要再复习一遍！

学霸的秘密之三
来来做作业

学霸做作业

干净的桌子和
作业本

学霸的神奇时刻
毕竟学霸也是人，有点小问题固然正常，而他的小问题就是……

穿着衣服睡觉

至于原因……
与其浪费时间在穿衣服上，不如多背几个单词……

进步了一名，我
妈允许我每天玩
30分钟游戏！
真好！

为啥这么说？
我妈罚我
反思……

啊，你都考了
两个满分了还
要罚？！

因为有一门退步
了3分……

大数据研究表明，生活和行为习惯是否规律以及身边朋友的学习成绩能在一定程度上预测你是“学霸”还是“学渣”。你的各种习惯（如作息、锻炼、读书等）越规律，你身边的朋友学习习惯和学习表现越好，你成为“学霸”的几率也越大。

所以，想要成为“学霸”，就从简单的一日三餐、完成作业、休息规律开始，与身边的伙伴结成同盟，相互督促和监督，咬牙坚持 21 天，顺利挺过 90 天，你就会形成比较稳定的生活、学习模式，之后你就可以按部就班地走在成为“学霸”的路上了。

总觉得自己学不好怎么办？

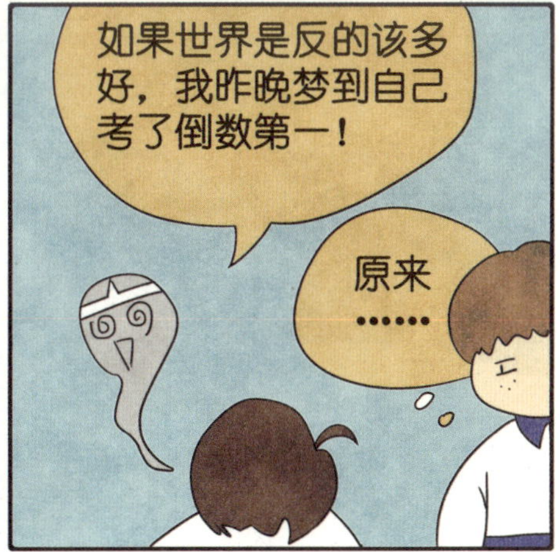

我死定了……
为啥?

这次考试我啥也没复习……
没关系,你超厉害的……

对诶!
!

好主意!“抄”厉害的!
?

学霸、鱼蛋，你们有啥需要的尽管说，别客气喔，我家来来的学习拜托你们了……

坐正点，你看人家学霸！
十分钟后

字写好点，你看人家学霸！
五分钟后

好好做，不要东摸西摸的，你看人家学霸！
三分钟后
妈，够了……
同学面前能不能给我留点面子啊！

鱼蛋，为什么我们的学习总是那么差！
我长得丑，没信心。

我脑子笨，没智商。
我爸妈不是高材生，没环境。

学霸，你为什么学习那么好？

靠做题咯。
……

亲爱的你，也许你很多时候感觉自己像个“物品”般被人比来比去。在班级里，在各色饭桌上，在本该是最佳信任圈的家人聊天的时候，“比较”像是一个如影随形的噩梦。甚至，有时候自己最脆弱、最敏感的点也被无情地拎出来和别人的优点比，令人感到羞愧难当，越来越觉得别人是对的，自己确实就是那个“弱爆了”的角色。

如果是这样，那么，请你停下来，好好地看看镜中的自己，TA已在比较里受了足够多的伤害，给TA一个拥抱；好好地看看自己，无论何时，你都是自己最亲密的朋友，无论何时，都不要放弃自己；好好地冷静下来，看看自己有任何的优点或擅长点吗？如果有，只要是积极的，哪怕不一定是学习方面的，通过日复一日的坚持把它慢慢地做得更好，它可以帮助你发出不一样的光芒。勇敢地把真实感受告诉身边那些向你而来的“舌箭”，请它们停止。

这样，你的心会慢慢安稳下来，再按部就班地去做一件件你应该做的事。坚持住，你会慢慢地看到曙光，你会慢慢地听到不一样的声音。

学习压力太大了，我快受不了了怎么办？

啊哈，明天就是国庆节咯！

你还没看到作业单吧……

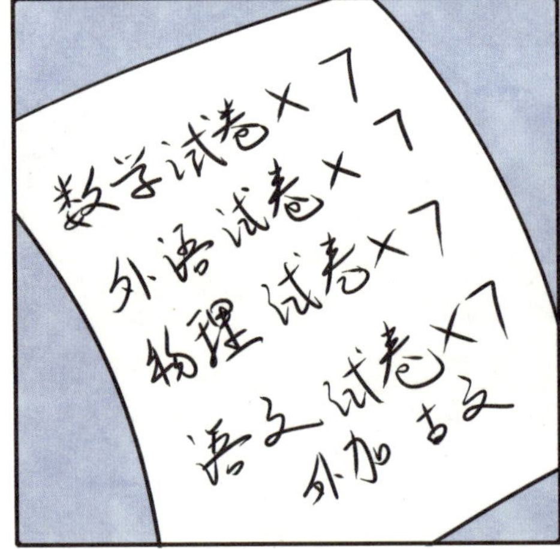
数学试卷×7
外语试卷×7
物理试卷×7
语文试卷×7
外加古文

饶了我吧，这哪是放假，是加班吧？！

哎呀，作业终于写完了！

给，把这一沓试卷给我做完。

凭什么呀妈，您这是非法增加中学生课业负担！
凭我是你妈，这才是光明正大的“家庭作业”！

唉，周末压力太大了，一天写作业，另一天都排满了补习班……

你满足吧，我只有半天写作业，其他都在补习班。

你们都满足吧，我周末两天过家门而不入，吃饭睡觉都在老师家解决了。

呜呜
哇哇哇哇哇哇哇哇哇

现在的中学生几乎“全年无休”，除了完成老师布置的作业，还要完成家长的附加作业，补课是假期必备，创想动手也不能落下，奥数学习成常态，有的学生甚至整个周末都在忙学习——不是在补课，就是在去补习班的路上。

不仅要学，还要学有所获。学习成绩是学生的主要压力源，也是学生和家长矛盾的罪魁祸首之一。

可以说，现在的中学生确实不容易。如果你压力过大，不要绷着，想哭就哭出来，想喊就叫出来，跑步、撕纸都能让你的压力得到发泄；主动地和朋友抱成团，倾诉心声；主动地寻求父母的理解和支持，若与父母的沟通不顺畅，可以尝试在长假中抽出一天的时间与他们进行角色互换，体验和感受会让你更理解父母的苦心，也让父母下次再朝你发火前可能有不同的感想……还有，当你觉得自己怎么努力都很难改变时，不要犹豫，去敲学校心理咨询室的门吧。

版块二
学习攻略

为什么背东西“前背后忘”?

昨天按时完成背诵任务的同学请举手。
来来从来没有完成过。

来来，你来背一遍试试！
有你好看。

嗯……啊……那个……

同学们，你们要记住，滥竽充数是一种非常恶劣的行为……（长篇大论开始。）
你说的是“昨天”，今天谁还记得住！
冤枉呀！老师！

碎碎念

学习新东西，好不容易记住了，结果转眼就忘了，你是不是也有这样的烦恼呢？这就是记忆与遗忘的问题。

如果这个学习目标对你来说是全新的，那就特别容易遗忘。因为我们很难记住跟已有知识体系没有关系的新事物，所以这就要求我们多积累知识、多总结，逐步将学过的知识系统化，这样在学习新知识时把它纳入已有的知识体系，提取的线索就多了，便不容易遗忘。

另外，无意义的东西也很容易遗忘，对此我们可以把无意义的新知识通过“谐音”“对比”“类似”“联想”等方式意义化，甚至编成有趣的故事，这样也相当于把零碎的知识纳入了我们熟悉的领域，减少遗忘的发生。例如，有人为了记住圆周率小数点后

22 位，即 3.1415926535897932384626，按谐音编了一句顺口溜："山巅一壶酒，尔乐苦煞吾，把酒吃，酒杀尔，杀不死，乐而乐。"这样是不是就生动好记多了呢？

还有，运用多渠道感官记忆，也能加深知识的记忆，如背单词时眼看着、大声读着、手写着，就比单独的背诵记得牢，遗忘得慢。

最后，还要遵从遗忘的规律：先快后慢，先多后少。这提醒我们刚开始要及时复习，勤于复习，然后慢慢拉长间隔时间，减少复习的频次。这样就能做到事半功倍地记忆了。

做作业老喜欢拖延怎么办？

我真的要开始写作业了！
终于开窍了。

妈，我的作业是什么来着？
是不是出生时太用力挤到了头？

才没有，有时别人说的话我一字一句都记得特别清楚！
谁说的话？
那么厉害

月月。我到现在还记得上上周三早上她对我笑了一下。
……

天气那么好，赶紧
起来做作业！

哎呀，妈，天气好适
合郊游啊……

起床了，今天下雨没法出
门，赶紧起来做作业！
哎呀，天气阴沉沉
的，没心情做作业啦。

这样适合做作业
了吧！

你什么时候放假？
明天。

那我得赶紧去买点药……
买药干嘛，妈你也没生病啊？

那是因为还没陪你写作业！
诶？！

你这道题是怎么写的！
情景回放
吐血ing

碎碎念

“我再玩一分钟就开始写作业”，这也许是你经常使用的句型。结果，一分钟变成两分钟，又变成十分钟，最后变成一个小时，甚或一个上午。你就这样不知不觉地沦为拖延的“奴隶”，成为即时满足的“傀儡”。

在这些拖延的时间里，必须完成的任务被你压抑到心底，变成一个个“黑洞”，住着焦虑、内疚、自责等“魔鬼”。在你放肆享受的同时，这些激烈的煎熬情绪其实一刻也不曾远离。当老师又一次指责“你作业又没交！”，那些“魔鬼”诡异狂笑，你仿佛觉得无法逃开“拖延”布下的“天罗地网”！

亲爱的你，如果正处于这种痛苦之中，你需要转换一下自己的思维。从此刻起，面对不得不完成的或有关自己理想的任务时，练习以下句型并将它付诸实践：“管它去，我现在就开始写作业一个小时，然后我可以玩 15 分钟。”把此刻最诱人的“糖果”当成你完成任务的奖励，而非阻碍你开始完成任务的借口。

这样，你既可以按时完成任务，又可以自由地享受娱乐时光。此时，不仅有完成任务的成就感，还会得到父母和老师的鼓励，长此以往，你会变得越来越自信。亲爱的你，试试看，就从这次开始吧！

做作业或上课时老是走神，怎么办？

妈妈，快，快！
干啥？

我要抓紧睡觉了。

你真是没有未来了……

你错了，妈！我的班主任今天班会课还在说梦想决定未来呢！
梦话

我上课时老想昨天
和月月出去玩的事。

啊，你约会成
功了！

成功了一半。
(原因在另面)
一半⁉
??

我去了，她说
有事……
……

（此处省略近
1500字…………
…………）
终于周
五了！

美味的炸鸡腿在等着我！
美味的烤羊排在等着我！
美味的披萨在等着我！
好玩的游戏在等着我！

来来，第9道题应
该选什么？
炸鸡腿和披萨！

HA
HA
HA
HA
HA
HA

这道题真难……

哎呀，不好，
长痘了……

长痘了还那么帅，真
愁人，哈哈哈哈。
想不通咋没有女生向
我表白呢？

我要是女生，我
就跟自己表白！

月月……
我，我……
?

月月，我喜欢你！
?

你喜欢我什么？
嗯？
额，，我。。。
我。。。

我喜欢你的“性别”！
（其实是想说性格……）
???

是谁在敲打
我窗——
是谁在拨动
琴弦——

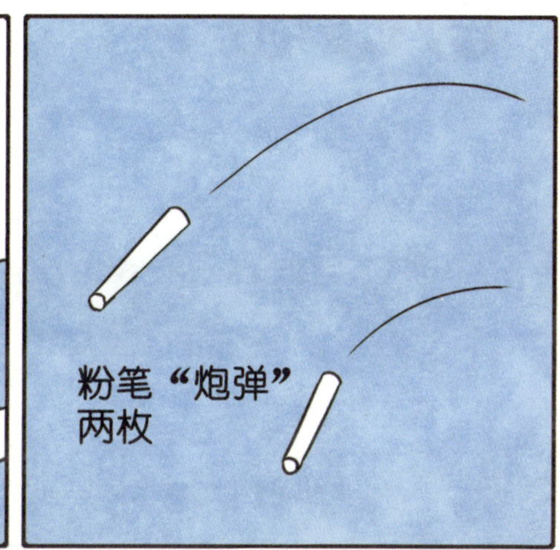
粉笔“炮弹”
两枚

请勿随便模仿！
——画手注

你俩在做什
么呢？！

碎碎念

你正在写作业，却突然发现铅笔需要削了，于是你起身找削笔刀。削着削着突然发现文具盒好脏，于是你去找湿巾纸擦文具盒。哎呀，再顺便上个厕所吧！刚坐下，手机“叮咚”一声，你好奇地打开，原来是一个同学的微信，回复一下吧！结果又被跳出来的新闻吸引，打开一条，又打开另一条……当再抬头时，时针已指向两个小时以后，你发现自己还停留在第一道题目上。亲爱的你，这样的场景是不是似曾相识？

有些同学在做作业时很容易被一个个细节干扰，变得手忙脚乱，四处救火，最后时间耗尽，而要完成的任务仍停留在原处。这就是分心、不专注，这样的状态定是抓不住“鱼”的，效率低下也就可想而知了。

要想提高做作业或学习的效率，训练自己的专注力势在必行。人的一次专注力时间大约为 25 分钟，你可以把困难的任务分解成容易操作的分任务来完成。订下闹钟，规定自己在这 25 分钟里心无旁骛，完成之后可以随意撒欢。这样你就有机会获得高效的高峰体验和玩乐的自由放松的双重奖励。

最后，分享指挥家托斯凯宁尼的一句话，让我们共勉："我此刻正在做的事，就是我一生中最大的事，不管是在指挥交响乐或剥桔子。"

遇到难题不想动脑筋怎么办？

来
你是我好朋友嘛？
学
当然了！
怎么证明？
来

怎么证明？
来
学
我愿为你上
刀山下火海。
来
好了好了，别说了。
今天的作业好难，你
帮我做？！

学
有事儿请
留言……

扎心了

啊！啊！啊！啊！
啊！啊！
怎么了？
活不成了……
到底怎么了？
我好不容易写好的电脑作业一下子没了！
我还以为多大的事儿，正好重写一遍，就当复习了……

碎碎念

“这道题太难了，真烦！先玩会儿游戏再说。”遇到难题，不去管它，先做点有趣的活动是一件特别诱惑的事儿。但长此以往的逃避，只会令你的大脑越来越懒惰，甚至在该用时，比如考试时，它却“睡着”了，结果成绩让你抓狂。

若要改变这种无力的状况，直面难题是第一步，也是最困难的一步：下定决心“用上所有的力量”来好好地研究那个让你费脑的难题。攻下它，会让你体验到努力带来的喜悦感，即使没有拿下它，也足以唤醒你的大脑，让它得到足够的锻炼。而且，努力之后仍无法攻克它的话，你还可以向你的同学、父母或老师求助，不是吗？

总是感觉时间不够用怎么办？

昨晚赶作业到
夜里1点！

我也是！

太累了，你
的脸都累
“黑”了
哎呀，你
也是啊！

你们确定只
是赶作业？

依照“二八定律”，我们面对的事情可以分为：重要且紧急的、重要但不紧急的、不重要但紧急的、不重要也不紧急的事情。优秀人士往往会用 80% 的时间去做那 20% 的重要但不紧急的事情。而大部分人的现实则是：我们屈服于感官，把紧急但不重要的事情摆在首位，及时享乐，我们成功地把重要但不紧急的事情拖延成了重要但紧急的事情并草草了事，把不重要也不紧急的事情高高供起，任由它们糟蹋我们的宝贵时间。

要想改变这种状况，你需要好好地规划时间，以一天为例：

（1）把你今天要做的事列个清单，并按照二八定律排出先后顺序。

（2）逐个完成单项任务。期间设置不被干扰的时间。如果可以，把类似的事情安排在一次做完。

（3）如果没有特别紧急的事情，那么从重要但不紧急的却令你最头痛的事情开始。成功摆脱它后，整个清单的完成过程会体验到越来越轻松的感觉。

（4）成功完成所有清单，并及时给自己奖励。

版块三
考场赢家

一考试就紧张焦虑怎么办?

各位家长，马上就考试了，请大家一起督促孩子全力冲刺！
家长
家长
家长

来来妈妈，您结束后请来一下我的办公室。
诶？！

来来还是整天胡思乱想，不学习！

老师啊，您有好办法吗？他爸也是一样的性格！

真是太倒霉了！
怎么了？

“考不好我就死定了！”很多学生在面临考试时都会这么说。考试必须考好，不能考差，否则父母、老师都会批评惩罚，自己心里也会觉得难受。对考试结果的绝对化追求也许是造成考试焦虑的最根本原因。

很多学生在考试之前都会感到很紧张，有的学生的考试焦虑已经超过了正常范围，心跳加速，不停上厕所，甚至到了头脑空白、肌肉痉挛的地步。结果，显然更容易发挥失常。

亲爱的你，如果你常常碰见这种情况，那么请设法让自己慢慢接受“尽力而为”的结果。如果紧张到头脑空白：首先让自己停止回忆；然后闭上眼睛，冷静一下；接着可以尝试紧弛式肌肉放松法放松身心。让自己的各个主要肌肉群体验到极致的紧张和放松，再慢慢地回忆相关线索，不要着急，知识记忆慢慢地就会回来了。

不过你要知道，心理学研究发现，适度的紧张是有利于正常甚至超常发挥的。所以你要做的，不是为了安全而完全忽视你的紧张，而是让焦虑控制在自己能承受的范围内。

要想能够掌控自己的焦虑，最重要的首先就是你要为考试做好充分的准备。越有把握的东西，越不容易引发过度焦虑。其次，考试前把证件、考试用具等提前准备齐全，以免节外生枝。第三，考试前提前熟悉考场，考试当天稍微提前一些时间到达考场，以便给自己调节的时间，也可以增进自己的控制感，减少焦虑。还有一点很重要，那就是考完一门就把它暂时“扔掉”。克制住，尽量不要与别人对答案，否则很容易因为答案的不一致影响下一科目备考的情绪。把精力全部放在接下来要考试的科目上，全身心备考，逐科攻克。这些都是在面对焦虑时你可以为自己做的。加油！

此外，更多的鼓励，让我们更“坚不可摧”。

考得很差怎么办？

我回来了。

老师说，全班就
你力气最大！

嗯？！老师竟然
夸我！

一个人拖了全班
同学平均分整整
2分！
拖鞋
“炮弹”
哦

整天就知道打游戏！你说从今以后该怎么做！
太可恶了，我把那该死的游戏机打个稀巴烂！

唉，算你还有点心……等下……
? ? ?

总觉得不对劲……

我打，我打！
电动打地鼠

那么问题来了：
请求出右图来来
和鱼蛋各自的
心理阴影面积

这道题我不是给你讲过吗，怎么还是×？！你告诉我为什么！
我脑子坏掉了。

不对！

那为啥？

拖鞋炮弹第二弹
再次提醒
请勿随便模仿！
你根本就
没一用一心！

碎碎念

亲爱的你，考试没考好伤心沮丧是可以理解的，但是你要记住，这只是你人生中微不足道的一个小绊脚石。这次考试不好，绝对不等同于你不够好。

丘吉尔说："被克服的困难就是胜利的契机。"如果你能够在考试失利时沉着反思，坚持努力，那么这就是你下次奋起的开始！加油！